Günter Kunert
Abtötungsverfahren
Gedichte

Hanser

ISBN 3-446-13153-1
3. Auflage 1980
Alle Rechte vorbehalten
© 1980 Carl Hanser Verlag München Wien
Umschlag: Klaus Detjen
Herstellung: Kösel, Kempten
Printed in Germany

Für M. – einer Mitbürgerin
zwischen den Stühlen.

Platzwechsel

Schmutzig der Stoff
an den Knien: Noch immer trage ich
die Hose so wie ich herkam
Tage gleich Jahreszeiten
morgens Sonne mittags Hagel
gehen geschäftig draußen vorüber
indessen ich nur
einen Schrank aufstelle Stühle rücke
Kisten öffne in denen mir
die Vergangenheit folgte
bruchsicher verpackt:

Nicht eine Erinnerung
wurde beschädigt
aber keine will mir mehr gehören
nachdem die Holzwolle sie
nicht länger verbirgt

Rückblick

Dem eigenen fremden Leib
entschlüpft
ledig der Last
und aus der Ferne
einen verdorrten Leichnam
einen Kokon
seh ich an meinerstatt

Ein gewisser Tod
hatte sich bei mir angemeldet
erster Vorsitzender der guten
oder sogar besten Gesellschaft
aller denkbaren doch
ich entkam ihm
nordwärts in ein neues Hemd
und in Richtung
Ultima ratio

Standhaftigkeit

Untergehen
wie antike Skulpturen
wäre vielleicht heroisch gewesen

Nach Verlust der feineren Glieder
abschweifender Extremitäten
zerstört bis auf den Rumpf
und den unseligen Kopf
der den Vorgang wahrnimmt
bis zuletzt und dann abbricht

Verscharrt vom Zufall
im fruchtlosen Heimatboden
den Besuch eines Dichters
dringlich erwartend in etwa
zweitausend Jahren

Nur aus Mangel
an soviel Zeit habe ich gestern
mein Leben geändert
nur um meinen
Standpunkt zu wahren
den drohenden Sockel
verlassen

Die Frage

Worauf warten?
Die Toten schweigen oder werden
verschwiegen
Währendes Wachstum gebührt allein
den Schlangen vor leeren Läden:
Sich regen bringt nichts
als Segen
Brüderlichkeit in Zeitungspapier
zum Einwickeln gedacht

Keine Stunde kehrt wieder
und jeder neue Tag vollstreckt
den gewesenen mit größerer Mühe:

Eine kurze brutale Geschichte
voll langer lauter Versprechen
die deine Frage doch
nicht mehr übertönen

Geräusch

Schreien ist unbeschreiblich
Alle Vergleiche versagen
Worte fassen es nicht
denn es war vor ihnen
und wird nach ihnen
immer noch sein: Sein Ursprung
der Mund verzerrt
aufgerissen ein klaffender Schlund
Tränen fließen vor Zorn
oder Schmerz oder beidem:

Solange der Atem vorhält
laß nicht nach
solange verkünde die Tonfolge
anhaltend die Weise ihres Entstehens
über gegenteilige Behauptungen
hinweg jedem erreichbaren
Ohr.

Evolution

Erde und Steine
Sand und Geröll
Ziegel und Quader
Zement und Beton
und immer wieder
wir

Zwischen Mauern marschieren
bedeutet: Es geht voran
Doch es leuchtet kein Licht
wo wir sind für uns mehr
und das Dunkel kommt
aus uns selber

Aus blinden Augen
fällt Finsternis
bevor die Hand
ins Leere greift.

Eindruck

Um die Augen der Welt
eine Binde
Vogelgezwitscher bleibt
vernehmlich Blumen duften
absichtslos
Wind weht
Zu Sand zerfallen die Gebirge
nur zum Verscharren
der unbenannten Reste
nach den Salven

Zukunft

Wo sie sich aufhalte
frage die in Süd und Nord
Ost und West und ebenso
dein eigenes unvertrautes
Selbst

den Direktor der Sparkasse
den Müllmann im Frühdunst
jeden Geheimrat in Weimar
und sonstwo und

suche unter den Halden
rostenden Blechs
unter dem Auswurf der Zementwerke
unter der Hand an der Hosennaht
unter dem Staub
erfolgreicher Jahrhunderte:

In Europa geht ein Gespenst um
in ihrem leidvollen
Namen

Beitrag zur Geologie

Neben der Hülle aus Luft
und Dampf und Gift
umfängt aus Unglück eine
die Kugel

Morgens auf Fensterbrettern
schwarzer Niederschlag
täglicher und nächtlicher Trauer
verlorener Liebesmüh
verschwendet an fruchtlosen Beton
gewesener Hoffnung
wie Papier verbrannt verflogen
millionenfach von den Unzähligen
und Überzähligen und so mißachtet

Ein gemessenes erfaßtes Unglück
seiner Zukunft sicher
unstofflich sich verbreitend
und sich verbindend jedem Wort
des Bedauerns
jedem Lächeln wie ein Krampf
jedem Händedruck verräterisch
Gesten Gängen
Atem
der es bis zur Stratosphäre
trägt

Freizeit

Sollen wir noch einmal
den Wald besuchen
die letzten Bäume aus Holz

Wollen wir insgeheim
einige Worte tauschen obgleich
ich genug von ihnen habe und auch
dir deine nichts sagen

Noch einen Brief
an die Öffentlichkeit
einen weiteren Salto
über den geladenen Draht
Mortale Monade
rückwärts

Wieder denselben Händedruck
für die Toten
wieder ein letztes Glas
ein allerletztes Stöhnen
noch einen Krieg noch einen Frieden
noch mal ein Nocheinmal

bevor wir in Abwesenheit versinken
bis nie mehr morgen

Programm

Wir sind die vor und hinter Scheiben,
gewöhnt die Stille und den falschen Ton,
in einem sicher: Daß wir bleiben
dieselben immer wie uns selbst zum Hohn.

Die Menschentiere, die wir sterben sehen,
gejagt, erlegt am Ende des Berichts,
wie Wiederholung eines ewigen Geschehen:
Denn unsern Blick trifft nichts mehr. Nichts.

Das Bett. Der Tisch. Die trüben Tage.
Gebeine bilden unsern Lebensgrund
und geben keinen Anlaß mehr zur Klage:
Da hoffe du. Du hoffst dich wund.

Staatsbesuch

Stimmen und Maschinengeklapper
vom Ende der Welt her
in der Nähe aber Limousinen
geordnet hierarchisch und vorbei:
immer kleiner
durch die unwiderlegbare Perspektive
und
auf ein Schloß zu wie im Märchen

Schwarze Magie aus lackiertem Blech
aus feierlichem Anzug und Aufzug
ein Schauspiel
als blicke man in sehr ferne Vergangenheit
wo die Menschen nicht wissen
daß sie Hintergrund sind
und noch hoffen

Aber die Geschichte
bringt nichts zurück obwohl sie alles
unsäuberlich wiederholt

Bürogebet

Leicht zusammengeheftet
mit einer gebrechlichen Klammer
die mich vor manchem bewahrt
das ich nur ahne und nicht sage:
Denn viele
fielen einfach auseinander
wortreich und darum
hoffnungslos

Ihre Teile treiben umher

Hier ein Stück gekniffter Charakter
Ein Fetzen verlorener Mut
Etwas verblichene Liebe
Ein trostloser Anblick

Irgendwem aus der Hand gerutscht
einem plötzlich verstorbenen
Vorsteher
den man versehentlich
für Gott halten könnte

Bewahr mich davor

Gespräche Abgeschiedener

Du arme geschundene Heimat
möchte ich sagen wollen
aber es gebricht mir an Stimme
unter uns gesagt
und zwischen Glas und Glas
Jahr um Jahr mehr

Irgendeinem System
wollten wir keinen Mann
und keinen Groschen geben
Das Leben währe zu kurz
war aber mit dieser Erkenntnis
auch schon zu Ende

So lüfte der Kellnerin den Rock:
Für ein paar Mark
findet sich überall Heimat
dunkel und wenig einladend
Jahr um Jahr weniger
wie Heimat meistens.

In Thüringen einmal

Trotz des Sommers
ein eiskalter Mond damals
und wie er so tief lag
im Abendschwarz. Die Erde
nur unerklärliches Gehügel
und lautlos. Auch wir ruhten
und berührten
Teile unserer Körper
so daß die Ewigkeit stillstand
und der Moment sich von ihr löste:
Ein Schnellfoto

Als ich das hatte hielt ich es
für die Welt aber es war
nur ein Jugendbildnis
von irgendwem.

Fremdkörper

Irgendwann gehst du
ins Bett und wachst
irgendwann im Sarg
wieder auf oder auch nicht.
Warum deine Strafe
die Sterblichkeit ist
wirst du nie erfahren.
Ganz fruchtlos
hast du dich vor Äpfeln gehütet
wie vor Mord obwohl
irgendwann schien
deine Hand einmal fleckig
in einem Traum
der keiner war
aber jetzt einer ist:
Angstgebilde
Wildwuchs
in der Magengrube
Jammertal.

Schlaf

Du träumst
den Traum des Jahrhunderts
sobald du
von amtlichen Schatten träumst
Nie zeigen sie ein Gesicht
sondern ihren Ausweis
und Gebärden
altbekannt von vielen früheren
Vergangenheiten
Sie zeigen dir
deine Angst und ihre Furcht
Pflöcke
durch Magenwand und Hoffnung
bis tief hinabgetrieben in den Boden
deines Landes

Da willst du fliehen
wenigstens erwachen aber wenn
das gelingt
umringen sie dein Bett seit langem
weil der Traum des Jahrhunderts
keiner ist

Der neue Mensch

Sorgfältig umgestülpt
das Innerste nach außen
so daß ich ganz neu erscheine:
Der neue Mensch
sich selber fremd
wie es sich gehört

Mein Mund verzieht sich unsichtbar
während alle Geheimnisse
als verklumpte Arterien
und wirres Nervengeflecht offenliegen:

Nur darum
ist freundlich zu mir jedermann

drückt mir die Hand
daß ich nicht merke
wer ich bin

Im Zoo

Verwandte mit lateinischen Namen
Gesichter aus Fell und Gefieder
Hände aus Leder und Horn
Augen wie Glas
daß man hindurchsieht
bis auf den Grund der Evolution
wo die einfachen Gefühle wohnen
Angst und Verlangen
alte und dunkle Schatten:
Dein Blick
kehrt aus der Tiefe zurück
fremd geworden unterwegs
und sieht dich selber an
als gehörest du
nicht mehr dazu.

Theatrum mundi

Täglich treibt Ophelia
an dir vorbei. Ein Hamlet
nach dem anderen verblutet
Der Rest ist schlimmer
als Schweigen
weil Heuchelei. Du triffst sie täglich
Bruder deine Brüder
aus der Klassik und Fausti Wehklag
enthält die alten neuen Leiden
von einem der sich verkauft hat.
Der weise Nathan
hat seine Pflicht und Schuldigkeit
getan und ist verbrannt.
Macht nichts! das Publikum
erfindet selbst sich neue Juden.
Nur du und ich
beschmutzt von Furcht und Mitleid
aller Dramen
erfahren nichts als daß
wir die Komparsen sind
jenseits der Worte
die uns keiner gab.

Mitbürger

Vermittelnd wenig: Meist nur Angst
zu selten Lächeln oder Träume.
Es erbt wovor du immer bangst
der nach dir in die Lebensräume

gestoßen wird von deinesgleichen
aus Leichtsinn oder auch nach Plan:
Schon früh geprägt mit allen Zeichen
der Nützlichkeit für jeden Wahn

Fortzeugend etwas und gebärend:
Die Blutspur tritt aus deinem Tor
in Richtung Horizont und während
du leugnest deutlicher hervor.

Archäologischer Aspekt

Am Rand eines Eimers abgestreift
vielleicht verfault
jedenfalls kalt und formlos
ein Rest von Welt oder Gemüse:
Zuviel für einen Magen
für viele Mägen zu wenig:
Logik des Todes

In diesen und jenen
Küchen und Kellern
Hinterhöfen und Vorderhäusern
und selbst in großen Gärten
verrät ein Geschöpf das andere:
Reihenweise vor Tischen
Hie Geld Hie Ware
so über den Tag
Monat für Monat und das
Jahrtausende lang.

Zivilisatorisches Gespräch

Eine Tablette und noch eine
Tablette: schon verwehen die Jahre
erträglicher. Der Schmerz
über der linken Braue: Eingeständnis
der Sterblichkeit. Unendlicher Fall
grüner Blätter: die Menschheit
auf dem Marsch und du
sprichst von einem Leuchten
fünfzehn Milliarden Lichtjahre fern
und welche Bedeutung wir dem zumessen
in Hinsicht darauf
daß es wieder keine Orangen gibt
keine Freundlichkeit keine Freiheit
und keine Bücher über den Anlaß
solchen Mangels

Mein Lieber
die größten Dichter kamen
aus dem Neandertal weil sie
nichts hinterließen als Rätsel
Wir stattdessen
haben die Schrift
uns zu beklagen.

Schlußfolge

Keines deiner Worte wurde verstanden
Das ist mal sicher
Unklare Mienen wohin man blickt

Wie der
aussterbende afrikanische Elefant
die mächtigen Fächer seines Gehörs
automatisch schließt

so gibt es ganze Sätze
die wir nicht zu vernehmen vermögen
sorgsam ertaubt
durch den Mechanismus der Angst

einer alten Kinderkrankheit
neuer Gesellschaften.

Spur

So fremde Spur ist Wort
um Wort: Von Satz zu Satz.
Man schreibt sich immer weiter fort
und bleibt dabei am selben Platz.

Maschinenlärm und Todesschreie
der kalte Ton von ferneher:
Syntaktisch bildet sich die Reihe
in der du stehst: Ein Irgendwer.

Ein Tastendruck: Du bist gewesen.
Die Faust geballt: sie hält nichts fest.
Am Anfang war das Wort zu lesen:
Erinnern hieß es. Nicht: Vergeßt.

Erinnern VII

Aus dem Vineta der Kindheit
wird selten Glockenton hörbar
Jedes Begräbnis verläuft schweigend
Und betroffen stehst du
vor der kleinen Leiche
die du besser
nicht wärst.

Befund

Unterwegs in einer Nußschale
oder in einem Schlaf von wenigen Minuten
durch das vollkommene Grün
sterblicher Natur: eine Expedition
in die Vorzeit deiner Person

Wenn die Sonne
gerade noch das kalte Wehen
polarer Luftmassen durchdringt
ein geädertes Blatt sklerotisch vergilbt
und dein regloses Auge am Okular
das Muster entdeckt
nach dem du gelebt hast

Vor Jahren hätte dir solche Kenntnis genutzt
jetzt jedoch siehst du es
viel zu spät: Keine Korrektur
mehr möglich

Dir bleibt die Nußschale hinfort
der Schlaf gütigenfalls
du selber bleibst bei dir
und so starr vor dich hinblickend
wahrscheinlich noch jahrelang.

Regloser Augenblick

Eigentlich
keine Ahnungen. Ich stehe
am Fenster und sehe hinaus
aber
es ist nichts zu sehen. Nichts
Schlimmes eigentlich. Es regnet nicht
und es friert nicht
kein Wind keine Sonne keine Leute kein Auto
Nur ein nackter leerer Moment
Jede Bedeutung verflüchtigt
verflogen der ehmals mildernde Dunst
Rundum mißratene Schicksale
geschichtsgleich: Am Fenster stehen
und hinaussehen und nichts erwarten
Alle zehn Jahre ein Blick
in die Zeitung reicht aus
Schleichendes Verhängnis: Schon
reden sie wieder von ihren Idealen

Wenn ich ein Baum wäre
ich stünde jetzt unter Schutz
wie die Tannen die mir gehören
aber ich gehöre niemand
und stehe daher nicht unter Schutz
sondern am Fenster
und sehe hinaus

Eingeschriebene Antwort

In manchen Gegenden wie meiner
herrscht stumpfe Stille
wo wer von der Post zehrt
wie die Fliege von winzigen Resten
täglich alt wird und es nicht merkt

Die Entfernung und die Blätter im Frühjahr
mildern die Leiden
Denn so unvorstellbar ist die Welt
geworden so gänzlich dahin
hinter dem blechernen Kasten
hinter dem Drahtzaun
der Mauer der Blende den Reden
hinter dem oberirdischen Rohr
der Fernheizung olivfarben und leblos
daß man nicht mehr
an sie zu glauben vermag
Selbst die Versprechen der Regierungen
hier und da
werden zu nichts noch bevor
der Briefträger sie in den Spalt
pressen kann
in den Ausschnitt
der das Universum geometrisch
begrenzt.

Stille II

Wortlos Stille predigen
und Schweigen erbitten
Einfaches Schweigen der Steine
die durch ihre Zusammensetzung
alles erklären alles verraten

Vielsagende Oberflächlichkeit

Wenigstens leise wie Regen sein
durch das eintönige Alphabet der Tropfen
trotzdem mit wem sich verständigen
über irgendetwas
in umfassender Flüchtigkeit

Du würdest verstehen
worum es geht wäre dein Ohr
nicht verwelkt längst vom Lärm
nicht taub das Hirn
von der Lüge.

Hoffnungsvoller Augenblick

Alle Fensterscheiben widerspiegeln
Blätter und Gezweig
eines Straßenbaumes derart
daß es scheint es sei
hinter Glas
nichts als Baum Wald Natur
und die Fassade keine Trennwand
ein durchbrochner Mythos
überflüssig
zwischen Grün und Grün

Letztes Gartengedicht

Den Spaten ansetzen
und unter dem grünen Skalp
abgehoben mit unbedenklichem Griff
verknoten ihre nackten Leiber
Gottheiten zu schamlosen Zeichen
die keiner zu lesen vermag

Vom niegekannten Tag überfallen
fliehen kleine schwarze Gestalten
nach allen Seiten

Humus schwillt leibhaft himmelwärts:
Vorbild und Endziel
und in Ewigkeit schmerzlos
sooft auch das Eisen
ihn teilt

Über den hölzernen Stiel gebeugt
blickst du hinab
wie auf ein anatomisches Präparat
das lebendig ist zu deinem Entsetzen
aber keines Widerstandes fähig
beruhigend machtlos
glaubst du

Späteres Naturgedicht

Gitterwerk Bäume
Gefangenschaft des Blickes
waldwärts
Borkige Monotonie
mit Dämmer durchsetzt
von Stille verraten

Ameisenheere
kommen aus ihren Heimen hervor
demonstrative Züge
»freiwillig und freudig«
lag mir im Sinn
aber unter und über dem Laub
die Erde scheint taub
gegen die Wünsche Begrabener
vor ihrem Begrabensein
und ich ging über ihre Unzahl weiter
so für mich hin.

Inferno

Wer weiß vom Inferno
vom Gewimmel des Fleißes
in Grau und Schwarz

Es lebt unter jedem Stein
Unter jedem Stein ist
sein furchtbares Abbild
gleich enthüllt
sobald die Hand den Stein umdreht:

Strafbare Handlung
in einer anderen Dimension:
In der unseren
zum Beispiel.

Bucher Elegie

Zeit die vergeht.
Wirbel zahmer Tauben
über meinem Garten und fort
ins eben Gewesene.

Mein Nachbar ist
eine Gußform der Gegenwart
die Idee in sinnlicher Form
zerstört das gütige Gras
wie die Aussicht mit Beton
verspritzt Mörtel und lähmt
mit lauter Farbe was unumwunden
und rundum noch lebt.

Ich wünschte er würde stattdessen
eine flache Gestalt aus fahlem Papier
beschlafen
unmächtig der Sprache weil das Wort
ihr versagt ward: seine Frau

Wünschte ihn trunken
unters Gesträuch und zum Kosmos:
Daß er
kein alltäglich verkleidetes Ereignis
der Zeitlichkeit bleibe
die gleichgültig jeden
in ihr anhaltendes Schwinden hineinzieht
in den unbegreifbaren Sog.

Abendgedicht

Ach dieses langsame Einsinken
in den Abend. Die Erde
wird bodenlos sobald
ihr das Licht vergeht.
Noch treten die Füße Gras oder Schotter
dann nichts mehr.
Aus der Emigration des Tages
kehren die Toten zurück um raschelnd
in alten Fotos ihren Platz einzunehmen.
Jetzt zögert die Zeit wieder und täuscht
andere Zeiten vor: Welches Jahrhundert
hatten wir heute?
Ich würde mich nicht wundern
wenn vor der Tür Chamisso stünde
oder sein Schatten oder ich
sein Schatten bin oder auch Chamisso selber
der berlinwärts vor einer Tür
steht.

Wir wollen unseren Umriß verlieren
und glücklich sein wie niemand und zwar
Abend für Abend.

Berlin

Da ist nichts mehr
zu beschreiben. Stattdessen
verhöhnt Beton alles Eingedenken
und verschachtelt Bewohner für immer.
Fort die unergründlichen Labyrinthe
klägliche Zimmer düstere Läden
und das allabendliche Sanssouci
betäubender Kneipen
der glanzvolle Ernst der Seifengeschäfte
voll Buntheit und Bürsten gebunden
von wirklich Blinden und alte Frauen
von Fenstern gerahmt
bürgten für Dauer und Fortbestand.
Geduldig und schweigend
korrodierte in Fabrikshöfen die Zeit:
eine lebendige Weise von Tod
und im Dunkel
einer schon bald vergessenen Toreinfahrt
lauerte das Glück ohne Namen:

Jetzt ist alles benannt und vermessen
abgeheftet und niedergerissen
und nichts mehr da
zum Beschreiben.

Resümee

Zwischen den Hälften
einer geborstenen Stadt
das Leben verschlafen
sehenden Auges nach alter Manier
gemütlich im Widerspruch ruhend
in jedermanns Streckbett

Angesichts der angenagelten Gestalten
rundum
unselig ihr Greisenalter erhoffend

oder wo die Gnadenlosigkeit
offenkundig wird: Im Gemüseladen
ohne Gemüse Im Wort ohne Wahrheit
Im Versprechen ohne Wert
da meinte ich mich nicht betroffen

Und woher jene bekannte
rote Flüssigkeit stammte
dieser besondere Saft dicker als Wasser
merkte ich erst
als ich noch einmal zu mir kam
und auf den Grund der Kluft
von meinen blinden Brüdern geschlagen
mit währendem Fleiß
mitten durch mich hindurch.

Der hohe Zirrus

Lange Bahnen von Eiskristallen
Gefrorener Sätze Atem
von Horizont zu Horizont
von Ost nach West

Nachts aber tauen sie auf
und fallen als Klagen
gegen Morgen ins Gras.

Neues vom Amt II

Auf kleiner Flamme
garkochen weichmachen und
verdaulich
Jan Hus zum Beispiel

Von solchem Fleisch
zehrt man noch lange
in den Kantinen der Büros

ein langer Nachgeschmack
fade und nostalgisch
bis zum Erbrechen
irgendwessen
allenfalls

Gesellschaft

Unerfüllt nach so langer Zeit
ist jede Hoffnung ausgebrannt
und an jedem Tag
das Dunkel darum unsere Gesellschaft
Die Zukunft
eine ferne Ruine am Horizont
unbewohnbar
Zwischen uns allen Asche
Undeutliche Formen fahlen Erinnerns
Da hilft
kein Schüren kein Stochern

Vielleicht fliegt einmal noch
ein Funke
aber nicht größer
als dies Gedicht.

Nachrichten aus der Provinz II

Jemand reicht jemand
etwas wie eine Hand doch das bleibt
nicht ohne gefährliche Folgen
Auch höre ich Unsere Sprache
soll auf die Dauer
zur Taubheit führen
Schon jetzt sind wir blind
vor Panik von den Versprechen
der Zukunft
weil sie immer leuchtender wird
oder brennender wird
von Wundmal zu Wundmal

Etwas wie Mitleid erbringe ich noch
für mich Fremden und bedauere
durch keinen neuen Haarschnitt
für das Glück des Jahrhunderts
gerüstet zu sein
Sonst müßte ich fürchten
jemand reichte mir etwas wie eine Hand

obschon

ein Fingerzeig nötiger wäre
wie denn den eigenen Leib
noch bewohnen in der Provinz
amtlich entzogener Seelen.

Abtötungsverfahren

Ein Blick in die Zeitung
und einer ins Leben
Ein Gespräch mit den Stummen
und eine Rede von Tauben
Ein Entfalten der Flügel
und die Aussicht in Mündungen
Ein Versuch die Hand auszustrecken
und das Berühren von Eisen
Eine Tüte voll Angst
für das Dasein als Körper
gründlich einverleibt
der Leichengemeinschaft

Erst ein Ausflug ins Jenseits
dann eine Rückkehr ins Nichts.

Belagerungszustand

Wohin auch immer wovon weg
ist immer
der Benennung sicher: Weil Sonntag
und vorm Hause drei Autos
Stunde um Stunde
im Fond Marx Engels Lenin Stalin
ad usum Delphini

Sie kommen direkt aus dem Hauptquartier
der Utopie in Berlin-Lichtenberg
rauchen und lesen Zeitung und
erwarten den Widersatz
meiner armen und zaghaften Worte
frisch geschlüpfte Zugvögel
Wegbereiter
dorthin wo das Gespräch über Bäume
kein Schweigen mehr bindet
dorthin wo keiner einem
die Sprache verschlägt

Kein Sommer keine Schonzeit

Vorm Fenster mal Nebel mal Polizisten
die Gegend erblaßt
die Gegend verliert und geht uns verloren
die Natur versteckt sich natürlich
in Zweideutigkeit
Hingegen wir werden
amtlicherseits scharf umrissen
und bilden ein Wunschbild
Jagdzauber
in den geheimen Akten: Da stehen wir
fest wie in Wirklichkeit nie
weil Akten und Polizei wirklicher sind
als der tägliche Ephemeride
in deinem und meinem Spiegel
verstört vom Schlaf
keine Vollendung träumend
nichts träumend außer
im Wort zu bleiben: Aber das
verfärbt sich schon selber
und verdorrt mit der Zeit
fällt und versinkt
in Nebel und Akten
unauferstehbar.

Bitte

Bitte um eine gnädige Höhle
ein gütiges Versteck
eine Notwendigkeit
für die tägliche Flucht

für herkömmliche Wunden
beschädigtes Fühlen
Gleichheit und Brüderlichkeit
im Schatten der Angst

unsre Regentin

eine amtliche Harpyie
kreist
über allem Sprechen und Schreiben
das die Mimikry der Metapher
kaum schützt.

Erinnern VI

Wohlbehagen wohnt
an geheimen Plätzen
auf einem ungedruckten Atlas:
Ob es ein Kramladen in London
verwirrtes Universum
simpler Gegenstände
ob die eichene Dachkammer ist
ausgestattet mit Aussicht
auf Dom und Fluß und Fiesole
oder ein Bett für siebzehn Dollar
an irgendeinem Rand
denkbarer Ozeane

Orte alles
um dich zu verbürgen wie Traum
wie ein gelungenes Erinnern
wie ein Besuch
im endlich entdeckten Gral
verheilter Vergangenheit.

Zu Dürers »Hieronymus im Gehäuse«

Im Vordergrund ruht
abwesend ein müder Löwe blicklos
daneben dicht
ein Hund im Schlaf
Perspektivisch ferner sitzt
in der dargestellten Stille seiner Kammer
der Heilige
vor seinem Pult und schreibt
irgendetwas auf Papier: Womöglich

Das Unerahnte

Das Wort
das die Zielbetrogenen vergaßen
das alles in sich birgt
was Geborgenwerden meinte
Gerettetsein im grauen Licht
das durch die Butzenscheiben
endlos strömt.

Dr. Benn, spätes Foto

Gesicht: besorgt. Die kahle Stirn
vielfältig und der Blick verschlossen.
Ein Zeitenknotenpunkt: Sein Hirn.
Und immer ohne Weggenossen.

Viel Haß. Zuviel für einen
der doch das Wort erhalten hat:
Die Selbstzerstörung findet im Geheimen
und trotzdem vor dem Leser statt.

WENN AUCH SCHON
das Schweigen sich verstecken muß
dann flüchtet es
in die Reden
aus denen es laut
von sich selber
spricht.

Dem Gedicht auflauern

Hinter dem Mond
mag es daheim sein oder
vertrieben aus etwelchem Bewußtsein
Es schleicht sich ein
in Versammlungen
seine Farben wechselnd
ein Chamäleon

In Träumen ist es wach
aber ungreifbar
rätselhaft wie die Welt
und ebenso sinnlos
zugehörig einer Gattung
die ausstirbt
leichtfüßig dahingeht
kaum erfaßt um sogleich
in deinem Gedächtnis
eindeutig leblos
zu werden

Schicksal des Gedichts

Zum Lügen gezwungen
erbleicht das Gedicht
Es erstarrt und kann
sich und nichts mehr rühren

Zum Lobe
des Martyriums und des Verbrechens
spricht es feierlich und fürchterlich
die Absicht amtlicher Akteure aus

Eingefangen und der Freiheit beraubt
front es
im Steinbruch verhärterter Ideen
schleppt alle großen Worte herbei
aus denen Gefängnisse
für Gedanken entstehen

Und selbst wenn es selber
ausbricht und aufschreit
in der Benennung der Mörder
erstirbt das Gedicht im Gedicht
rettungslos

Die Gedichte

Ziemlich schwebende Gebilde

aber gleichen sie nicht Hohn
über soviel Elend und Tötungen
über dem stillen Sterben
das alle Welt ergreift
Urwälder Einwohner Elefanten
Schwärme im Meer
und in der Luft und sogar
die Luft selber
Kennzeichnendes Spiel
steigender und fallender Worte
Kadenzen
von denen kein Armer reich
kein Reicher klüger
kein Kluger
zum rechten Handeln befähigt wird

Schwebende Gebilde wie Rauch
ein Spiel wie von Feuer
während darunter
das Holz sich sinnlos verzehrt.

Klage

Wieder nur Worte
Wieder nur Worte geschrieben
gesprochen gehört

Ist das die Sache die du meinst
als Hoffnung
als einzige Möglichkeit
freier zu sein glücklicher oder
wenigstens wirklicher
aber wird denn je davon etwas wahr
wenn nicht nur
Worte

Was sich wandelt ist
Rhetorik und Terminologie
die Kombination von Vokabeln
die Täuschung

Neue Worte für alte Bestände
trostloser Taten
die stets dich betreffen und die
du gewöhnlich kaum
überlebst.

Eine Poetik

Das wahre Gedicht
löscht sich selber aus
am Schluß
wie eine Kerze so plötzlich
aber was sie beleuchtet hat brennt
das abrupte Dunkel
der Netzhaut ein

Kahle Welten
Kahle Wände Tische und Stühle
ein Raum voller fremder Bekannter
unserer Zuneigung und Gleichgültigkeit
gewiß

Ohne Bewegung ohne Bedeutung
ohne Bestand.

Vom Dorotheenstädtischen Friedhof

Auf den Friedhöfen der toten Dichter
triumphiert die Macht
über die Ohnmacht des Wortes

Selbst schwere Steine
sind nur leichtfertige Lügen
erhaben über wehrlosem Gebein
Barrikaden gegen die Lebenden
damit sie hier einhalten
im Denken und wissen
daß sie anheimfallen
der weiterwährenden Gebrauchsfähigkeit
früher oder später

Besucher wie du
im dunklen Anzug und mit erforderter Miene
vernehmen niemals die Warnung
das erbärmliche Geschrei welker Blätter
unter den Sohlen auf dem Wege
zum zugewiesenen Platz.

De profundis II

Wo mein Körper lebt
kann mein Kopf nicht leben
und weiß es:
Weil von den Uhren Zeit
und immer mehr herunterblättert
daß ganz alte Zeiten sich zeigen

Von neuem Rufe
wie von Tartaren
Urteile vom Sattel herab
aber nicht einmal Gräber bleiben
nicht einmal unberührt
die Geschichte: Verweht hinter uns
und ersetzt durch den Augenblick
der alles beherrscht:
Wieder ein Attila
mit dem Anspruch auf Ewigkeit

Sein Reich verläßt man
nur gegen Lösegeld
zahlt mit Haut und Haar
Lieb und Leben
oder etwas Salz
in Säulenform

Neues von den Antipoden

Keine Zuflucht
bieten Dschungel noch Städte
und das geheime System
der Abwasserkanäle nicht
auf Dauer

Die Gesichter Grimassen
kläglich und beiläufig
bevor der Schuß fällt
der sie für immer entspannt

Jede Revolution
bade im Blut heißt es
ihrer Reinheit wegen
Aber wenn sie siegt
sind die Überlebenden
überflüssig

wie verdorrte Blumen
auf dem Schreibtisch
der Macht

Durchblick II

Im Fernrohr erscheinen fern
brennende Städte:
Feuer erlöschen Ruinen bleiben

Wer sonst trüge die Schuld
wenn nicht Prometheus
Unsere Streichholzschachtel
festverschlossen so haben wir
sie immer gehalten und können
jederzeit die Hölzchen
vollzählig vorweisen
zu unserer Entlastung.

DAS ABGETRENNTE GEMÜT
vertrocknet wie ein Blatt
wird ein Blatt
Papier bedruckt mit lauter
unwahren Kundtaten
seiner eigenen Größe
großartig
zum Rascheln geeignet.

Vor der Sintflut

In den Abendbäumen
Gebilde aus purer Luft
langgezogen wie Rufe
aus weiter Ferne
und ich fragte mich
ob das der Abschied sei
oder sonst ein Zeichen
des Endes

Denn die Erde versinkt
hinter ihrem Horizont
nichts geht mehr auf
das ist klar
und es bleibt
ein fahriger Widerschein
von uns allen
noch eine Weile
bestehen

Von einer Wanderung

Das Gesicht Gottes
ist kein Antlitz: Behauptungen
dieser Art helfen uns nicht weiter
aber weiter wohin eigentlich?
Bis zur Untergrundbahn
sind wir immerhin gekommen. Bis
zu den Behausungen aus grauer Masse
gedacht für alle
Ewigkeit und schon angekränkelt
vom schwärzlichen Regen. Bis zu
dem Fundamentalsatz von der Erhaltung
der Energie als Trost für Sterbende.
Bis zu der Frage gelangt
Ob das Leben wirklich jedem Befehl gehorcht
Ob man seine Kinder und Enkel
und fernere Nachkommenschaften nicht besser
vor ihrem Erscheinen wegspült:
Soweit ist es schon gekommen und
wie weit noch?
Bis wir alle irgendwie weggewischt oder
irgendwie schwärzlich werden oder bloß
massiv behaust.

Durch diese Straßen
tot durch ihre Erbauung und selber
wenig erbaut dabei
irgendwohin ziellos. Bis
zum verräterisch flüchtigen Horizont
bis zu den dürftigen Stämmen
und zu den verendeten Ameisenvölkern.
Bis an dieses und jenes
Meer aus reinem Absud unseres Fleißes.
Bis vor das Antlitz Gottes:
eine Überraschung erster Klasse
doch nicht von Dauer

die geborstene Maske über dem Eingang
in den verdorrten Kleingarten
Eden.

Heimkunft

Was für ein Land ist das
das wie nirgendwo ist
besonders in den nächtlichen Grotten
vereinsamter Bahnhöfe.
Viel zu wenig Licht. Viel zu viel
Regen.
Habt ihr jemals beobachtet
wie sie den Abteilen entsteigen
enttäuscht über die Ankunft:
Wieder nichts als Kälte und Nässe
als Dunkel und Rauch.
Wieder nichts. Wieder ein Traum
mißlungen.
Schon stolpern sie
über den eigenen Schatten davon
von keiner Penelope erwartet
in den Hades ihrer endgültigen
Heimat.

Tage

Tönerne Tage gründlich entleert
sie scheinen verloren und völlig verkehrt
erscheinen von wo und schwinden dahin
windstill und kühl und ganz ohne Sinn:
Dein Leib geht hindurch und siehe: er ist
zu langsam für die kurze Frist
betäubt von Garnichts vom Lichte blind
wie auch die ferneren Körper es sind
rastlos verwelkend im Hintergrund:
die Lippen bewegt: kein Wort im Mund.

Hören und Sehen

Was vergeht
und mehr als nur einem
allein durch Zuschauen und Aufmerken
ist Hören und Sehen

Bedrohlich und trostvoll
doch heißt es
dann müsse man fühlen
aber was denn wobei denn
wenn Verstehen und Erkennen
Vergangenheit ist
Geschichte geworden:

Ertaubt und erblindet
nehmen wir Teil noch
auf eben die Weise.

Überraschung

Von meinen Ohren
hörte ich seit langem
nichts
bis sie mir heute
im Spiegel auffielen
Ammonshörnern nur ähnlich
aber versteinert genauso
denn sie haben
mich nicht gewarnt
und nun wächst
dienstwilliges Gras mir
zum Munde herein.

Deutsche Elegie

Ein guter Deutscher und noch
einer und noch
weiß nicht was geschehen ist
was geschieht und geschehen wird
Abwesend gewesen sein und bleiben
geistig oder sonstwie ideal
verstopften Ohres eh
die Schüsse fielen oder bloß
die ihnen vorausgesandten Worte
oder das Signal zum Weghören alle mal

Keine geographische Begrenzung

trotz geteilter Himmel
Blindheit Taubheit Stummheit
wie von heiligen Makaken jener
und der und dieser noch
befehlsgemäß erstarrt
zu Bronze die später immer
sich als Gips erweist.

Bauernkriegs-Eingedenken

Erinnerung schafft Dunkelheit:
Heere ziehen daraus hervor
unkenntliche Schatten und sähest du
den oder jenen deutlicher dabei
er gliche ausgeblichnen Skizzen
mit Silberstift signiert A. D.
eh auf den Schlachtefeldern er
auf Totenäckern ganz verblaßt

Gesichter ihr einzig Eigentum
Mergelhälse Schorf und Lumpen
Sensen schartig und die Fahne
schon zerrissen: Gotische Schrift verlangt
das Himmelreich auf Erden

Aber über das Ende breitet sich
ein Schweigen
Später sind ganze Gegenden entvölkert:
Was keiner ahnt
der hinter seinem Pflug den Landmann
gehen sieht wie
auf der Miniatur im Stundenbuch
wie auf Marienbildern fern
im blau verklärten Hintergrund: Winzig
den Kopf gesenkt langsamen Schrittes
am Rande der Jahrhunderte
entlang.

Breughel

Mit jenen ziemlich vergilbten Gestalten
bresthafter Leib, ein erstauntes Profil
ockerfarben gebeugt unter Gewalten
von denen nichts als die Beugung zeugt
indessen ihr verkrüppelndes Walten
unsichtbar bleibt, verbindet mich viel:
Breughel hat sie gesehn und erhalten
zu keinem Zweck, obschon man erkennt:
Weil wir selber immer weiter erkalten
wärmt Feuer sogar, das nicht mehr brennt.

Aus Breughelschem Hintergrund

Dieses alte Haus
in den Bildern der Ferne
umwindet für immer:
so spricht der Himmel zu ihm
Bäume und Büsche
kamen vor langem und bilden
seine Gesellschaft
Der wilde Wein hält zusammen und gurtet
die Kammern des Schlafes
dunkles Gekröse von Stiegen
die Küche inmitten
erleuchtet von Glut und den Blicken
der Katzen

Nicht einmal Krähen stören
dein Fleisch auf
Hier liegt es und wartet
nicht länger und dein Blut
speist Balken und Ziegel
und der Regen näßt deine Haut
seit Jahrhunderten oder auch nur
solange du es betrachtest

Abendlied

Wenn eine Schnecke denkt
sie fliegt
dann kann sie mich verstehen

Hier sitze ich im Dunkel
der Spirale
ohne klaren Ausgang: Sie gilt
für so zerbrechlich daß niemand
es zu beschreiben wagt:
Ein falsches Wort zerstört sie
und ihr wißt
das beste von uns allen
ist das Sediment

Daher die Gehäuse
die vielen Toten und
die vielen Zeichen
aus denen die Gedanken kommen

echolos im übrigen.

Nachtfahrt

Mitten durch die Nacht mit dem Wagen
durch die Abwesenheit des Planeten
selber abwesenden Geistes
fleischliches Geschoß auf Rädern
das fünfte Mitglied der Apokalypse
durch bleiches Gewölbe das still
hinter dem Rücken zerfällt

Kosmisches Dunkel
wie vor der Schöpfung oder auch wie
danach: Verlorener Glaube
an Kathedralen und Tempel
an Bahnhöfe Brücken Paläste und nicht
einmal mehr
an die verworrene Höhle Lascaux
wo ich mich einst dem Gestein verband

Nur Nacht noch
und ein greller Splitter am Ende
meiner Mühsal
von hier nach da und wozu
nicht wissend

Am Ende alles wie geträumt:
Die ersten solitären Lampen
das Pflaster und seine Gegenwehr
die Grüfte links wie rechts
all ihre Fenster schwarz versiegelt
und auch die Läden
gefüllt mit Finsternis:
Verbot der Illusion
erwacht zu sein

Selbstfindung

Um Jahrtausende gealtert
auf einmal über Nacht:
Meine kannelierten Beine
vom Deckbett halb überwuchert
vermitteln mir nur noch
archäologische Eindrücke
Mein Auge starrt auf die Weite
des musterhaften Vorlegers
in Erwartung der Touristenschwärme
der Kunstfreunde der Altertumsforscher

Die ewige Materie
in Form von zerknüllten Laken
hält mich über dem Abgrund:
ich ahne dort Dunkel und Staub
die wahre Substanz der Vergangenheit

An diesen unbeweglichen Kopf
auf meinem marmorfarbenen Kissen
hat die Welt Mühen gewandt
und Hekatomben von Worten –
alles vergebens: früh versteint
wer irgendetwas
überleben will

Todesferne Elegie

In ihrer Weinhandlung
in der Via dei Chiavari
in der düsteren Höhle die beiden Alten
sind vollkommen unsterblich
Ein korpulenter Silen
unrasiert unter schmutziger Mütze
eine aufgetriebene Dryade
mit dicken unbeweglichen Säulenstümpfen
anstelle der Beine
Kühle und Stille nur ihre Gefährten
Osmotisches Sein
gezeichnet von heiliger Reglosigkeit

Hinter vergrautem Glas
ein wenig Wurst ein wenig Käse
Flaschen ohne Etikett erwartungsvoll leer
säuerlicher Geruch von den Fässern
und kein Gruß und kein Lächeln
Kühle und Stille und Schweigen

ein erstarrtes Arkadien
wo *er* nie gewesen scheint
hinter der nächsten Ecke
des Campo di Fiori.

Zeichen

Keine zehn Minuten
in fünfzig Jahren: So
ist das Verhältnis
von dem was nicht währt
zu dem was vergeht

Was nicht währt liegt im Blick
etwa am Morgen
auf ein Wölkchen Rauch
ein Etwas
von unsichtbarer Sonne berührt
rosig gegen das durchdringliche Blau
über verschneitem Dach
stetig wie Atem

Wie lange noch
und jedes Rätsel gesteht seine Lösung
und
wir kommen noch einmal und wirklich
zur Welt
hielte nur ein paar Minuten länger
diese Minute an

dieses Zeichen

Kohlenplatzarbeiter

Eher wechseln Epochen
als diese Gestalten
dunkel und archaisch vorm Tor
laut und durstig

Sobald die Wagenklappe fällt
stürzen fossile Welten
ihnen zu Füßen

Nachkommen
ausgestorbener Hominiden
Ohne Mienenspiel ihre Gesichter
unter der Maske
pulverisierter unbegreiflicher
Vergangenheit

Irgendwann hat das Karbon
sie überwältigt und gibt
sie nie mehr frei.

Kennzeichen

Nirgendheim: Da kommen wir her
da fahren wir hin
Zwischen Glücksstadt und Freudenfeld
verhöhnen die Namen den Fremden
und das ist das bessere Los
statt untergehen im südchinesischen Meer:
Keiner versteht deine Sprache
keiner die letzte Botschaft
an die Welt so daß die Welt weitertickt
oder bloß währt

Verkannt
als Geste des Bettelns
deine ausgestreckte Hand eh sie fault:
Nichts bist du und nichts
wirst du: Matter Fleck
verwischte Zahl
stumm unter dem Zierat kleiner Meldungen

Das Aussichtslose: Du in Person
leer der Blick die Gefäße geschwollen
ohne Kraft des Kopfes
von keiner Hypothese vorgesehen
einer Legende entstammend
in einer anderen sterbend
versehen mit vielen besonderen
Kennzeichen

Bei Itzehoe

Fern dem Bereich
donnernder Genitive
amtlicher Vulkane Auswurf
darunter alles Leben
erstirbt

Jenseits und nördlich
meines verlassenen Daseins
also liegen tröstliche Flächen
zwischen Meer und Meer
Sumpf und Marsch
Nässe und Nichts

Jeder Schritt
führt in die Stille
durchsetzt von kleineren Städten
die sich ihr beugen

Hier
sind die bergenden Nebel zuhaus
und die Wikinger seit langem
archiviert

Schlaflos

In den Nächten des starken Mondes
der Schritte im Haus
von irgendwem oder von nirgendwem

Unter dem blanken Grün
des Katzenblickes
suche ich meine Heimat
zwischen den Büchern im Regal
ein Land aus Güte und Geduld

Die Heizung verspricht flüsternd
eine furchtlose Stille:
Gedenke der fernen Gespenster
die in deinem Rücken genistet
unzählig unselig

Allein bist du und warst du
Materie
barfuß unterwegs zum Kühlschrank
vielleicht
das Gesuchte zu finden

Forschungsauftrag

Heute hat das Glück
keine Namen mehr
Es hat sein Ansehen
verloren
sein Aussehen Die Kugel
Das Füllhorn Das Kleeblatt

Wer es sucht
findet an seiner Stelle
nichts
eine Lücke im Befinden
im Mauerwerk der Welt
einen Riß

jenseits dessen vielleicht
Angstlosigkeit anfängt

Erinnern VIII

Wenn ich zurückdenke
sehe ich: Gestürzte Statuen
Manche blutet noch ein wenig
weil das authentischer ist
Prachtvolle Trümmer neugebaut
und wie antik
Windige Standarten
Legionen Schatten unterwegs
nach fünf Uhr nachmittags
zwischen zwei Arten Nichtsein

Ich sehe wieder Fliegen
in Auslagen verdorrt
überflüssige Symbole und trotzdem selten
von einer Verkäuferin entfernt

Ich sehe meine Jugend
Trunkenheit ohne Wein
zuerst dann mit: Mitleidend
blutend und vertrocknet später
Das Resümee: So ist Geschichte
denkt man und
zurück

Versuchung

Die Bilder der Rückkehr
Und die Akte der Rückkehr
sie sehen so aus
wie der Fall eines Tropfens
auf eine Wasserfläche
wenige Wellenringe indem er
selber zerbirst
Eintritt ins Haus
der Umarmung gewiß und dann
die Tür
nie wieder geöffnet

Nach langen Umwegen
wolkenfern oder weltenweit
eine sich glättende Oberfläche
ein verhallender Schlag

Verlockung: Sich fallenlassen
sich aufgeben
unterliegen
dieser Übermacht fühlloser Tage

Begegnung unterwegs

Unter allen Brauen
und sonstigen behaarten Stellen

im kalten Zentrum unseres Auges
das das Fleisch durchmustert
seine Trägheit und sein Ende

in dieser vollkommenen Hand
dem einzigen Absolutum der Anbetung würdig
fähig zu allem

sowie im Widerschein des Abteilfensters
ist Gott inkarniert
Du unerwartet ungeheuer selber

während der Schnellzugfahrt
durch eine unverweilte Landschaft
nordwärts

Einsicht

Unter den spät gekeimten Einsichten
auch meine
Unter den ausgebeutelten Seelen
auch ich
Sanft verstoßen: Das gebe ich zu
aus längst wuchernder Fremde

Ich saß am Tisch und wußte nicht
wer
und am Fenster dasselbe und so
Tag wie Nacht

Jedes Wort griff mich an
und forderte meinen Kopf
mein Nicken oder genügsam
bloß mein Verstummen: Das gebe ich zu
damit es selber nur sei

Vermutlich wurden meine Stunden gezählt
meine Briefe mein Geld meine Verbrechen
die gebe ich zu:
Wiederholtes Schweigen

Vermutlich wurde lange
mit mir gerechnet aber es kam
nichts dabei heraus
Weg damit
Wenigstens sanft
immerhin

Der Dichter beim Abdecker

Vergossen verflossen und aufgewischt
die traditionelle Flüssigkeit

Nun spannen Haken an der Wand
seine Haut
zum Markte getragen vordem
und zurück ohne Kurswert

Sorgfältig sind seine Gebeine
geborgen
für kulturelle Anlässe
etwa den Auftritt von Vollzugsbeamten
denen sie dienen

Aus dem geöffneten Leib
ist die Fülle unvollendeter Werke
entfernt
Nur noch ihr Geruch
hängt im Raum

In der üblichen Emailleschüssel
die Hirnmasse
bereits entfaltet
zu völliger Asymmetrie
das feine Netzwerk wie zerrupfte Schrift

dargeboten von den Händen
des Abdeckers
die letzte Präsentation
die gelingt

Inhalt